Angelica Forest

¡La Extraordinaria Aventura De Tody!

Explorando, socializando y viendo lugares nuevos son algunos de los factores sumamente importantes para el desarrollo sano y feliz de todo pequeñín.

Todos queremos que nuestros retoños vivan bonitos lazos sociales, para poder tener una mente más abierta y un mejor entendimiento, lo cual mejora su sensibilidad, tolerancia, respeto y su autoestima. Es tan importante para ellos el sentirse cómodos al encontrarse con personas nuevas y cambios, saber cómo reaccionar con confianza en sí mismos. ¡Como pez en el agua!

Este libro se ha diseñado para impulsar su buen sentido de la aventura y con ello, desarrollar su asertividad y sus habilidades sociales.

Desde el fondo de mi corazón, deseo sinceramente que tú y tus pequeños realmente disfrutéis de este libro, tanto de sus imágenes como de sus rimas divertidas.

1ª Edición 2023

©Angelica Forest
Autor, editor, ilustraciones, maquetado y tipografía.
aforestbooks@gmail.com
AngelicaForestsBooks

MilkDrawsThings
Diseño del protagonista y de su madre.

Impreso y encuadernado por AMAZON

ANGELICAFORESTSBOOKS

A mi Angel,

a quien admiro por su fuerza e increíble esfuerzo para afrontar todos esos ásperos obstáculos sociales que se han cruzado en el camino.

¡Estoy tan orgullosa de ti! Eres única, siempre se tú misma.

ALGUNAS PISTAS DIVERTIDAS

Pág. 1: ¿Dónde está la limonada de mamá?

Pág. 2: ¿Qué tipo de animal es Tyde? (lavraN)*

Pág. 4: Encuentra las 3 estrellas de mar.

Pág. 5: El mono travieso y el tigre, se esconden en la selva.

Pág. 6: Sherry la osa hormiguera es coqueta, le encanta la flor en su cabeza. ¿A quién pertenece esa cola a rayas? (rumeL)*

Pág. 7: ¡Wow! El murciélago gigante de la fruta duerme boca abajo.

Pág. 9: Franky la rana ha hecho amistad con Lorenzo el pequeño reptiloide. ¿Cuántas libélulas crees que revolotean sobre Lorenzo? (Ɛ)**

Pág. 10: Nibbles (hámster) siempre se acurruca con Stu (ardilla).

Pág. 12: ¿Cuántos conejos ves? (Ɛ)**

Pág. 14: ¿Sabías que a las serpientes les encanta ir entre la hierba alta?

Pág. 15: A esos 2 escarabajos peloteros ahí abajo, se les ve muy ocupados, ¿los ves?. Aunque personalmente, encuentro a los pequeños gálagos unos seres muy entrañables y aquí veo a 2 mirándote.

Pág. 17: Hay 4 Búhos, ¿cuál está durmiendo?

Pág. 18: Pocos lo encuentran, es más difícil, porque el insecto hoja está altamente cualificado para no ser visto. (la odal led orajáp yum luza)*

←—1 ←—2 ←—3 ←—4 ←—5 ←—6

*Las palabras 'solución' están invertidas. Léelos de derecha a izquierda.
**Los números 'solución' están al revés e invertidos.

Érase una vez un <u>puercoespín</u> con una curiosidad sin <u>fin</u>.

Disfrutando de un día de <u>verano</u>, pasaba su tiempo <u>jugando</u>.

Tody, encontró una concha de <u>mar</u> que olía de forma <u>peculiar</u>,

se enterró en la <u>arena</u> porque así, por un rato, el sol no <u>quema</u>,

y se bebió la <u>limonada</u> que mamá trajo <u>preparada</u>. ¡Qué <u>gozada</u>!

De repente, apareció algo singular, nunca había visto nada similar,

un unicornio no podía ser, porque era un nadador experto, lo podía ver.

Lo que hizo que Tody dudara, era el largo cuerno que salía de su cara.

Lo que le confundió, fueron sus aletas y las increíbles volteretas.

Según saltaba una <u>ola</u>, estiraba el brazo muy alto para decir <u>hola</u>.

Al instante, la criatura estaba <u>cara</u> a <u>cara</u> y el corazón casi se le <u>para</u>.

Tody ni <u>respiraba</u> mientras <u>hablaba</u> la criatura muy <u>emocionada</u>.

— ¡Hola! me llamo <u>Marea</u>. ¿Te gustaría dar una <u>vuelta</u>?

Él pensó que era una idea <u>divertida</u>, miró a su Papá que le dijo – ¡<u>tira</u>!

El mar en lo profundo era como otro mundo.
Medusas bailando sin parar y una simpática estrella de mar,
los rayos de sol parecían un tul frente a una majestuosa ballena azul
y los caballitos de mar entre el coral. ¿Papá lo llamaría paranormal?

Al salir a la superficie, a unos 10 <u>metros</u>, pero seguro que no <u>menos</u>,

había tierra, era muy <u>frondoso</u> y en la arena, un flamenco <u>hermoso</u>.

Chispa, la preciosa <u>mariposa</u>, se acercó volando de forma <u>curiosa</u>.

Hasta la costa le <u>siguieron</u> y lo primero, las flores <u>olieron</u>.

Los monos revoltosos se burlaban y ágiles se balanceaban,
hacían poses raras colgándose de los árboles y a carcajadas.
El lento oso perezoso, se movía como a cámara lenta. ¡Qué gracioso!
Mientras, el gran gorila y el tigre majestuoso, no le quitaban el ojo.

Tantas plantas se <u>agolpaban</u> que los rayos de sol apenas <u>traspasaban</u>,

por eso Tody se <u>asombró</u> ante el nuevo paraje que <u>vio</u>.

Habían llegado a un <u>claro</u> que parecía un portal <u>iluminado</u>.

Daisy la pata esperaba <u>paciente</u>, mientras la despedida era <u>inminente</u>

Daisy comenzó a <u>andar</u> y empezó a <u>hablar</u> sin <u>parar</u>.

Impresionaba el verdor de las <u>praderas</u> y el que pareciesen <u>eternas</u>.

El olor a hierba fresca le <u>atrajo</u>, que ganas de rodar colina <u>abajo</u>.

A la sombra reposaban las ovejas y los <u>ciervos</u>, algunos <u>acostados</u>,

y sobre el espantapájaros, todo <u>relajado</u>, había un cuervo <u>posado</u>.

Guau, muuu, oink, miau, cua, beee, quiquiriquí.

Al llegar, la granja entera le saludó y Tody se abrumó ¡Cómo no!.

Los patitos en el estanque jugando y a su mamá esperando.

El lobo parecía tímido, tras la valla con gesto frío y sin decir ni pío.

El sol pronto se pondría, y toda la granja en el granero se metía.

Mientras bajo la paja se acomodaba, Tody en su familia pensaba,

y en las muchas ganas que tenía de contarles su travesía.

¡Qué cansadito! Durmió calentito hasta el amanecer, como un angelito.

10

Era una mañana tan fresquita, para los osos, su hora favorita.

En el cielo un halcón planeaba y el búho, ya de día, no se inmutaba.

Algo lejos y detrás de la niebla estaba la siguiente parada,

Montado a Bingo y de camino, así empezó el día nuestro amigo.

Llegando ya a la <u>ladera</u>, Tody se encontró con otra <u>escena</u>.

Vió muchas rocas en su nueva <u>parada</u> y oyó el sonido de una <u>cascada</u>.

Ahí, los salmones nadaban hacia <u>arriba</u>, ¿ese camino a dónde <u>iba</u>?

¿Un carnero ahí <u>encima</u>? sin alas no pudo llegar volando a la <u>cima</u>.

¡Tody estaba _volando_! ¿Era real o lo estaba _soñando_?

Greta, el águila, estaba _encantada_, Tody no pesaba _nada_.

Las vistas eran _espectaculares_, todo blanco ahí donde _mirases_.

La nieve parecía _algodón_, aunque, ¡congelaba la nariz _mogollón_!

Dejaron el frío <u>atrás</u>, aquí la temperatura le gustaba <u>más</u>.

Había mucha hierba <u>crecida</u> con una serpiente <u>escondida</u>

y un gigante gris <u>caminando</u>, pero sus pasos no iban <u>sonando</u>.

Se veían colinas <u>rojas</u>, y Greta las llamaba <u>dunas</u>.

El cielo se tornó naranja y <u>amarillo</u>, mientras el sol perdía su <u>brillo</u>.

El enorme Baobab <u>cautivaba</u>, y parecía que a todos <u>observaba</u>.

Todo estaba tan <u>tranquilo</u>, cuando el león duerme, parece <u>inofensivo</u>.

Solo el pequeño escarabajo <u>pelotero</u> rodaba su bola sin <u>freno</u>,

si paraba, podría ser robado por <u>alguno</u> tras tanto trabajo <u>duro</u>.

15

La noche estaba <u>despejada</u> y la luna la <u>iluminaba</u>.

Tody no quería <u>descansar</u>, ya que pronto en su casa se iba a <u>encontrar</u>

y a toda su familia <u>abrazar</u>.

Se agarró al cuerno muy <u>fuerte</u> y siguieron a la estrella del <u>horizonte</u>.

16

Tras un viaje algo largo, Riley y Tody escucharon algo:
era el ulular de los búhos del bosque, y se podía oler alcornoque.
Pronto se encontraron con ojos grandes entre flores despampanantes
y más olores al inspirar, que hacían que Tody recordara a su hogar.

Vió a Rosa oliendo una flor, era su hermana. ¡Cómo la añoraba!

Ahí estaban los conejos gemelos, sus amigos, los hechaba de menos.

Estaba contento de ver al zorro, al hurón
y hasta al más sencillo champiñón.

Le encantaba el bosque, sus olores,
y sus bonitas hojas de colores.

Hogar dulce hogar, aunque tenía historias muy bonitas que recordar.
Toda su familia con alegría le recibió y muy fuerte le abrazó.
Tody enseguida empezó a contarles su extraordinaria aventura vivida.
Todos le escucharon con un entusiasmo sin medida. ¡Misión cumplida!

AGRADECIMIENTOS

Es muy importante para mí decir cuánto aprecio el apoyo de mis seres queridos. Siempre creyeron en mí y me dieron su opinión más sincera cada vez que se lo pedía o no :D, ayudándome a realizar este proyecto de forma objetiva.

Y quiero darte las gracias a "ti", a la persona que sostiene este cuento en este momento y a la persona que lo adquirió, porque sin ti, sin ambas, no habría podido cumplir mi pequeño pero maravilloso sueño con este proyecto, es decir, que personas como tú disfrutéis de él.

Espero que tus angelitos pasen momentos entrañables disfrutando de cada página. <3